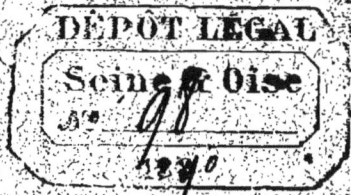
LA
GARDE NATIONALE MOBILISÉE

DE SEINE-ET-OISE

1814

PAR

LÉON HENNET

Sous-Chef aux Archives de la Guerre
Membre de la Commission des Antiquités et des Arts
Maire de Trappes.

NON UNUS LIBER

VERSAILLES
IMPRIMERIE CERF ET FILS
59, RUE DUPLESSIS, 59

—

1890

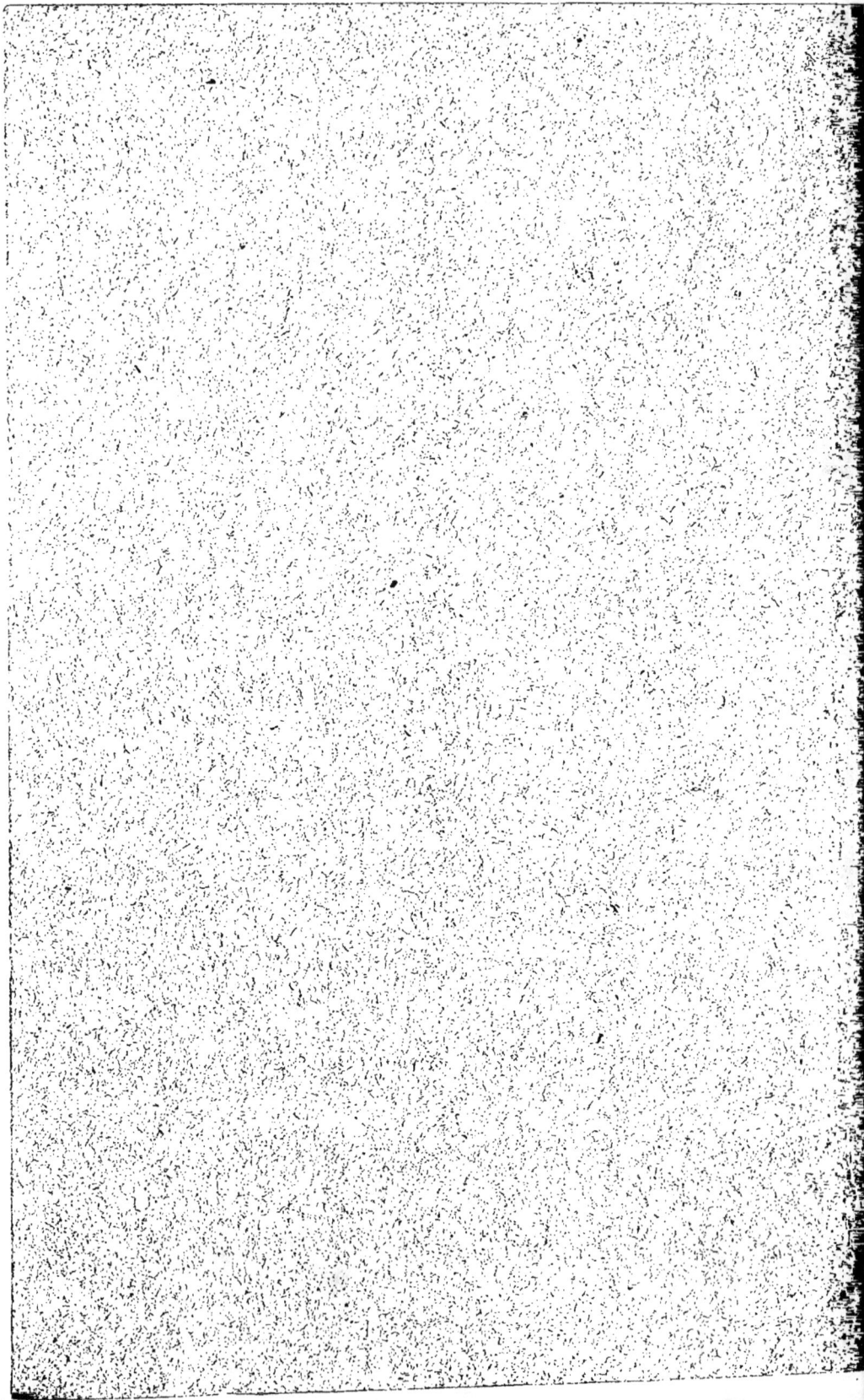

LA
GARDE NATIONALE MOBILISÉE

DE SEINE-ET-OISE

1814

PAR

Léon HENNET

Sous–Chef aux Archives de la Guerre
Membre de la Commission des Antiquités et des Arts
Maire de Trappes.

VERSAILLES

IMPRIMERIE CERF ET FILS

59, RUE DUPLESSIS, 59

—

1890

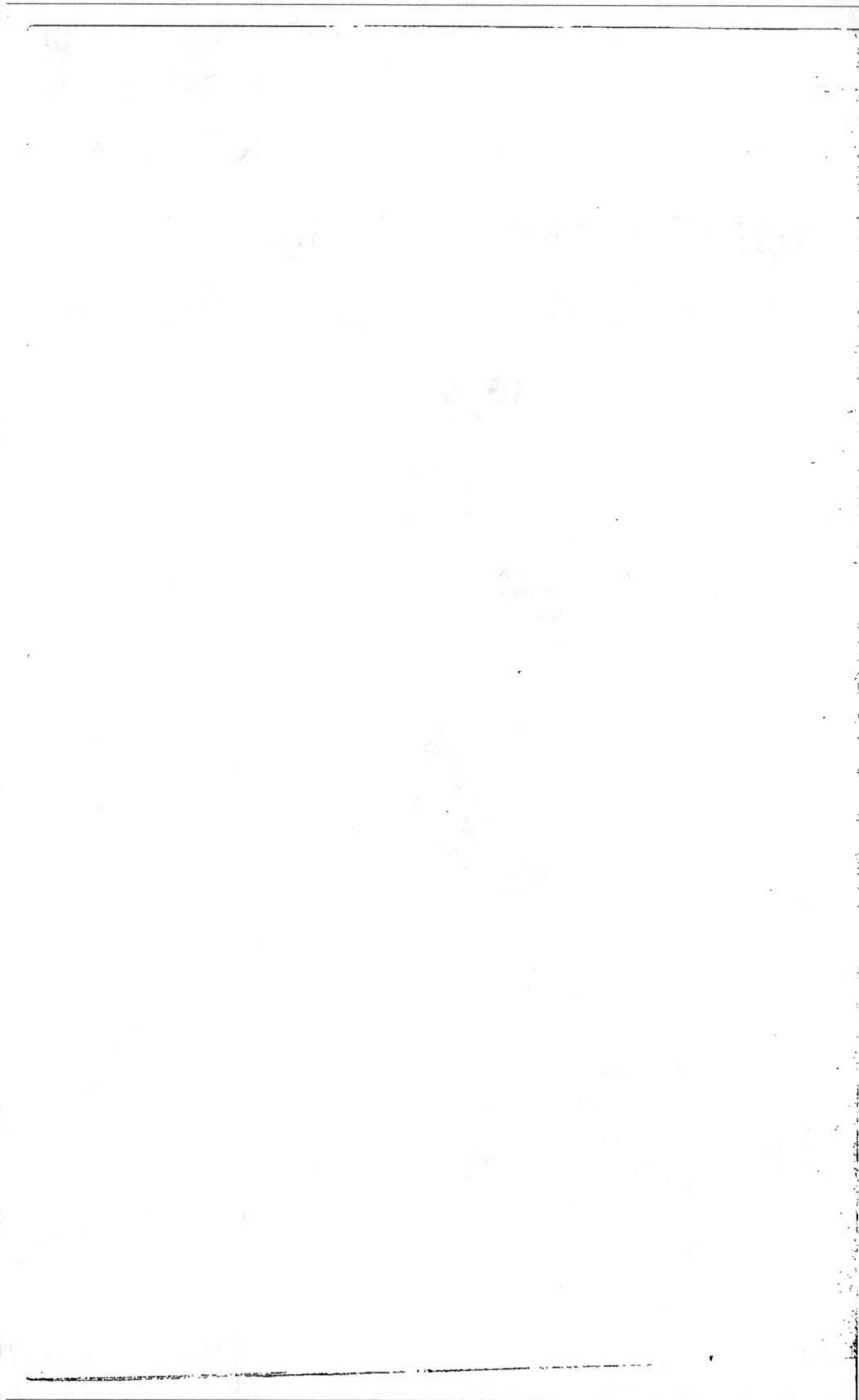

LA GARDE NATIONALE MOBILISÉE

DE SEINE-ET-OISE

1814

Depuis deux ans les événements se suivaient, se précipitant. Après les journées éclatantes, après la victoire, la retraite pénible, cette longue marche attristée au milieu des neiges. Après le passage du Niémen, brillant et ensoleillé, le lugubre et sombre passage de la Bérézina !

En 1813, la victoire sembla, au début, vouloir couronner les aigles impériales ; mais, sans doute, elle les trouva trop riches de gloire, et la ténacité de Blücher, jointe au nombre, finit par vaincre le grand capitaine. L'Empire était, pour ainsi dire, tombé à Moscou ; Leipzig délivra l'Europe, et les coalisés, enivrés de leur victoire, aveuglés par la haine et la vengeance, mus par le sentiment que Paris sentît la même honte dont leurs capitales s'étaient couvertes, excités par l'idée que les populations françaises devaient souffrir au centuple ce que leurs peuples avaient souffert depuis vingt ans, les souverains coalisés se ruèrent sur le Rhin.

Ils le franchissaient le 31 décembre 1813, en deux points, par le pont de Bâle et sous Mayence.

Mais si les coalisés escomptaient le succès, Napoléon ne désespérait pas de la victoire définitive, comme il n'en désespéra jamais, à aucune heure, à aucune seconde de cette immortelle campagne de 1814, même dans les journées où tout semblait perdu.

Au printemps de 1813, il avait pris les mesures destinées à contenir la coalition en Allemagne, à la briser sur les confins de la France aux 130 départements ; à la fin de l'année, il organisait la résistance pour empêcher l'invasion de la France de 1790, ou anéantir cette invasion aux bords du Rhin.

La marche en avant des Alliés commença à la fin de décembre ; elle fut rapide, surprit l'Empereur et détruisit ses premières combinaisons. Mais je n'étudie point la campagne de 1814 au point de vue stratégique.

Un décret du 30 décembre 1813 prescrivit que des légions, composées de compagnies de grenadiers et de chasseurs de la Garde nationale, seraient formées dans les départements de l'Aisne, du Loiret, de Seine-et-Marne et de Seine-et-Oise ; levée destinée à concourir à la constitution d'une armée de réserve en avant de Paris.

Seine-et-Oise était imposé à une légion (7 cohortes, 28 compagnies de 150 hommes), donnant un effectif de 4,200 grenadiers et chasseurs.

Le lendemain, 31 décembre, le comte de Montalivet, ministre de l'Intérieur (1), adressait au Préfet de Seine-et-Oise ampliation du décret, ainsi qu'une lettre contenant des instructions pour son exécution.

De suite, sitôt réception, le préfet doit procéder à une répartition du contingent entre ses sous-préfectures, répartition proportionnelle à la population, mais calculée de façon que le contingent de chaque arrondissement fût divisible par 150, aucune compagnie ne devant appartenir à deux arrondissements.

Chaque sous-préfet, dans les vingt-quatre heures, devait avoir connaissance du décret et du chiffre du contingent assigné à son arrondissement. Sitôt ces pièces reçues, le sous-préfet expédiait aux maires les ordres nécessaires.

On s'occuperait d'abord de la première section : hommes de 20 à 40 ans, ensuite de la seconde : 40 à 60. Il fallait choisir les hommes les plus aisés et les moins nécessaires à leurs familles. Aussi, pas de sous-répartition à établir entre toutes les communes ; néanmoins, tâcher que chacune d'elles concourût à la levée.

Les remplacements, par suite de ces dispositions, étaient autorisés. On profita de cette faveur ; on en profita trop même. Ainsi sur un contrôle nominatif de la compagnie Brulté où figurent 76 hommes, il y a 57 remplaçants. Entre autres, la commune de Trappes fournit 4 hommes : 3 se firent remplacer ; 1 seul, Advielle, partit.

Enfin, le préfet recevait l'ordre de désigner de suite un

---

(1) Les décrets, circulaires et lettres ministérielles sur l'organisation des gardes nationales mobilisées sont aux archives départementales (R 4 a 5°).

conseiller général pour faire partie de la commission d'organisation. Celle-ci devait former aussitôt les compagnies et présenter les officiers au choix du préfet.

La formation de la cohorte de Seine-et-Oise devait être opérée selon les prescriptions du décret du 5 avril 1813 portant règlement sur l'organisation de la garde nationale. La compagnie, aux ordres d'un capitaine, d'un lieutenant et d'un sous-lieutenant, comprend 150 hommes, dont 1 sergent-major, 4 sergents, 1 caporal-fourrier, 8 caporaux et 1 tambour. Les grenadiers et les chasseurs ne peuvent être choisis que parmi les hommes de 20 à 40 ans.

Réunies par quatre, les compagnies forment une cohorte ayant chef et adjudant. La réunion des cohortes constitue la légion que commande un chef de légion; un adjudant-major y est attaché.

Le décret du 5 avril attribue à l'Empereur la nomination des officiers, mais la lettre ministérielle du 31 décembre 1813 paraît, vu l'urgence, déléguer ce pouvoir au préfet. Le chef de cohorte nomme les sergents sur la présentation du capitaine; celui ci nomme les caporaux.

Le conseil d'organisation se compose du préfet, d'un conseiller général désigné par le préfet, du sous-préfet de l'arrondissement dans lequel on opère, du capitaine de gendarmerie et d'un officier supérieur de la garde nationale. Le conseil se transporte dans chaque sous-préfecture successivement.

Autorisation de se faire remplacer; mais le remplaçant doit appartenir à l'arrondissement de l'exonéré, qui en répond pendant toute la durée du service auquel il est tenu. Le remplaçant doit être agréé par le conseil d'organisation, avoir plus de 23 et moins de 40 ans. Celui qui se fait remplacer verse 120 francs à la caisse du receveur général.

Telles sont à grands traits les dispositions du décret du 5 avril 1813, qui ont trait à l'organisation du contingent imposé par le décret du 30 décembre.

Un nouveau décret du 6 janvier 1814 décida qu'il serait levé 18 brigades donnant 121 bataillons mis en activité. Les bataillons sont constitués au chef-lieu du département; deux ou trois bataillons forment un régiment; chaque bataillon comprend 6 compagnies de 140 hommes. L'organisation est celle des troupes de ligne.

Les nouveaux bataillons et régiments sont composés de contingents à fournir par les légions, cohortes et compagnies déjà organisées en vertu de décrets antérieurs; ils devaient être indépendants des contingents d'activité déjà fournis, ainsi que des cohortes urbaines et de celles destinées à la défense d'une place.

Ce décret du 6 janvier 1814 fixa la part de Seine-et-Oise à 1 bataillon, à destination de Soissons, et réduisit la légion à 4 cohortes de 2,400 hommes et 840 d'activité.

Une circulaire datée du même jour, accompagna l'envoi du décret ; elle prescrivait que la levée du contingent devrait être terminée le 25 janvier. Le département avait à fournir à ses frais une capote, une giberne, un schako, un havre-sac et le petit équipement. Le tout devait coûter 76 fr. 82. Enfin, ladite circulaire invitait le Préfet à réunir, dès sa réception, le conseil d'organisation pour former les compagnies de grenadiers et de chasseurs, et présenter les officiers.

* *
*

Le conseil d'organisation pour le département de Seine-et-Oise comprenait le marquis de Verteillac, chambellan de l'Empereur, maire de Dourdan ; MM. de Bonnaire de Gif, auditeur au Conseil d'état, sous-préfet de Versailles ; Farmain de Sainte-Reine, maire de Villebou, conseiller général ; Neuvy, conseiller d'arrondissement ; le baron Frossard, colonel de dragons en retraite, et le commandant de Sainglant, chef d'escadrons de cavalerie, également en retraite.

Beaucoup d'officiers retraités se présentèrent ; parmi eux quelques- uns qui étaient partis dans les bataillons de volontaires de 1792. Le conseil examina les titres de chacun, l'aptitude que le postulant pouvait avoir encore à faire campagne.

Une autre considération entrait dans le choix des officiers ; elle rendit même le recrutement difficile : les candidats devaient s'équiper à leurs frais. On ne put exécuter ces prescriptions. Au 12 février, 6 seulement des officiers avaient les moyens de s'équiper, et il restait quelques nominations à faire, arrêtées pour ce motif (1).

Les officiers sur lesquels s'arrêta le choix du conseil d'organisation et qu'il présenta à la nomination du préfet, furent :

D'abord, le marquis *de Verteillac* (François-Gabriel Thibault de La Brousse). Fils du comte de Verteillac, qui commandait une division de l'armée sous Paris en juillet 1789 et émigra avec le comte d'Artois, Verteillac avait, avant la Révolution, servi dans la cavalerie. Il était en 1813 chambellan de l'Em-

_____

(1) Verteillac au Préfet, 12 février 1814 (*Archives de Seine-et-Oise*).

pereur, maire de Dourdan et officier de la Légion d'honneur.
Il fut député pendant les Cent-Jours. Nommé chef de légion
le 22 janvier.

De Randon (Louis-Armand-Jules), de Rueil, 42 ans. Canon-
nier des côtes à Dieppe en 1793, garde du génie en 1795,
ingénieur-géographe à l'armée du Rhin en 1800, aide-de-
camp du général Andréossy en 1808, réformé en 1809.
Nommé chef de cohorte le 22 janvier.

Mercier (Etienne-Joachim), de Saint-Germain, 48 ans,
membre de la Légion d'honneur. Cavalier dans Royal-Pié-
mont en 1786; capitaine au 7e bataillon de Paris en 1793;
servit dans les états-majors des armées de la Moselle et
d'Italie de 1795 à 1798, et était capitaine de grenadiers au
35º de ligne, lorsque ses blessures le contraignirent à la retraite en 1805. Nommé capitaine le 22 janvier.

Lumière (Parfait-Pierre), de Versailles, 25 ans; membre de
la Légion d'honneur, fils d'un professeur de dessin à La
Flèche. Elève à Saint-Cyr en 1805, sous-lieutenant au 21º léger en 1806, nommé capitaine sur le champ de bataille par le
maréchal Soult en 1812; retraité pour blessures en 1813.
Nommé capitaine le 22 janvier.

Baillot-Mallepierre (David), 35 ans, officier dans la garde
urbaine, sous-bibliothécaire de la ville de Versailles. Volontaire dans l'artillerie de marine; sergent-major à 17 ans; se
distingue à Alkmaer; réformé pour crachements de sang
en 1799. Devait être inscrit sur la *Colonne départementale*.
Nommé lieutenant le 22 janvier.

Dubois (Pierre-Joseph-Casimir), fils du juge de paix de
Cerny. Avait servi en Amérique. Nommé lieutenant le
22 janvier.

Michault (Pierre-Firmin), né à Meudon, 22 ans; ancien
sergent-major à la 12e cohorte des gardes-nationales du
1er ban levées en 1812. Nommé sous-lieutenant le 22 janvier.

Le Paulmier (Marie-Louis-Etienne), de Versailles, 49 ans;
membre de la Légion d'honneur. Dragon au 6e régiment
en 1793; sous-lieutenant au 21e chasseurs en 1794; nommé
capitaine sur le champ de bataille d'Iéna; retraité pour blessures en 1808. Nommé capitaine le 31 janvier.

Alexandre (Samson), né à La Roche-Guyon, 51 ans. Aussi
souvent appelé Samson qu'Alexandre, son véritable nom.
Soldat en 1781, sous-lieutenant en 1792; capitaine à la
12e demi-brigade en 1799; couvert de blessures; retraité
en 1807. Nommé capitaine le 31 janvier.

Chopin (Ange), de Seraincourt, 33 ans; neveu du sous-pré-

fet d'Etampes, M. de Bouraine. Hussard au 3ᵉ régiment
en 1803 ; réformé pour défaut de taille en 1805. Nommé capitaine le 31 janvier.

Rochard (Nicolas), de Wissous, 45 ans. Ancien volontaire
de 1792, sous-lieutenant au 55ᵉ en 1808 ; lieutenant premier
porte-aigle en 1811 ; venait d'être retraité. Nommé
lieutenant le 31 janvier.

Duchesne (Alexandre), propriétaire à Mantes. N'avait servi
que dans les gardes d'honneur formées pour le passage de
l'Empereur. Nommé sous-lieutenant le 31 janvier.

Lebrun (Charles-François), de Chauffour ; ancien sergent-
major d'infanterie ; ex-garde d'honneur. Nommé sous-lieutenant le 31 janvier.

Garnot (Antoine-Germain-Isidore), de Corbeil, 26 ans.
Conscrit de 1808 incorporé au 1ᵉʳ dragons ; maréchal-des-
logis en 1811 ; remplacé la même année. Nommé sous-lieutenant le 31 janvier.

Peigné (Emile), propriétaire à Corbeil, nommé sous-lieutenant le 31 janvier.

Au 31 janvier, date de l'organisation des dernières compagnies et de leur mise en route, la Légion mobile de Seine-et-
Oise était ainsi composée comme cadres en officiers :

ETAT-MAJOR.

De Verteillac, *chef de légion ;*
De Randon, *chef de cohorte.*

COMPAGNIES.

Grenadiers.

1ʳᵉ. — Formée le 26 janvier, 140 hommes. — Mercier, *capitaine ;* Baillot-Mallepierre, *lieutenant.*

2ᵉ. — Formée le 31 janvier, 139 hommes. — Le Paulmier,
capitaine ; Duchesne, *sous-lieutenant.*

3ᵉ. — Formée le 31 janvier, 64 hommes. — Alexandre, *capitaine ;* Lebrun, *sous-lieutenant.*

Chasseurs.

1ʳᵉ. — Formée le 26 janvier, 139 hommes. — Lumière,
capitaine ; Dubois, *lieutenant ;* Michault, *sous-lieutenant.*

2ᵉ. — Formée le 31 janvier, 135 hommes. — Chopin, *capitaine ;* Rochard, *lieutenant.*

3e. — Formée le 31 janvier, 65 hommes. — Peigné, *sous-lieutenant*.

Des nominations ultérieures complétèrent les cadres.

Refay (Marie-Toussaint-Sébastien), libraire à Mantes, fut nommé sous-lieutenant de la 1re compagnie de grenadiers le 1er mars. Il paraît n'avoir pas rejoint, sans doute à cause des événements.

Thioult (Melchior), de Saint-Germain, capitaine réformé de la 36e demi-brigade, nommé lieutenant de la 2e compagnie de grenadiers le 10 février. Resté au dépôt et parti à l'armée avec le détachement Brulté, le 1er mars.

On ne nomma pas de lieutenant à la 3e compagnie de grenadiers.

Brulté (Claude), d'Etampes, 45 ans, sous-lieutenant au 21e chasseurs retraité pour blessures, nommé capitaine de la 3e compagnie de chasseurs le 3 février. Décédé à la fin de décembre 1814, ses blessures s'étant rouvertes.

Enfin, on forma une compagnie supplémentaire. Le capitaine, Pauzelle, fut nommé le 6 mars ; le lieutenant, Nielly, et le sous-lieutenant, Hudson, le 20.

⁂

Soissons, — où les gardes nationales de la 1re division militaire étaient envoyées, — commandait la grande route de Paris à Mons. La ville est située dans une vallée où aboutissent les routes de Laon, de Chauny, de Reims, de Château-Thierry, de Villers-Cotterets et de Compiègne (1). Soissons était donc considéré comme un point stratégique important.

Ce n'était pas, à proprement parler, « une place forte, mais seulement un poste militaire gardant le pont de l'Aisne » (2), à défendre jusqu'à la dernière extrémité et destiné à flanquer la gauche de l'armée (3).

Les fortifications, de construction ancienne, se trouvaient dans un état de dégradation absolue. Tous ouvrages extérieurs étaient détruits. La ville avait la charge de l'entretien des remparts ; aussi ne s'en préoccupait-elle qu'au seul point de vue des intérêts de l'octroi. On se contentait de fermer les

---

(1) Rapport du général Berruyer. 20 février 1814 (*Archives de la Guerre*).
(2) *Correspondance militaire de Napoléon Ier*; Paris, 1877, n° 1623, t. IX, p. 251.
(3) *Ibid.*, n° 1579, t. IX, p. 131.

petites brèches qui auraient pu permettre aux fraudeurs d'entrer pendant la nuit (1).

Aux courtines, ni parapets ni banquettes. La contrescarpe était dépourvue de revêtement ; autrefois il fut en pierres, mais presque partout il était dégradé. Les bernes s'étaient éboulées. Par suite, les fossés étaient à sec et en partie comblés, labourés même en maints endroits, en d'autres convertis en potagers soigneusement cultivés. Enfin, des maisons et des auberges construites dans la zone militaire, près des portes de la ville, s'élevaient à quelques mètres des remparts ; leurs combles dominaient le terre-plein de l'enceinte. Du bord des fossés à ces maisons, il n'y avait que la largeur de la route.

Toutes les portes étaient en mauvais état. A l'intérieur de la place, aucun ouvrage, aucun bastion, mais seulement de petites tourelles séparées par de longues courtines sans parapet ni banquettes, qui paraissaient même n'en avoir jamais eu. Les remparts étaient à découvert (2).

Napoléon, dans ses instructions du 17 janvier 1814 au duc de Feltre, ministre de la Guerre (3), Napoléon donna l'ordre de faire partir, dans la nuit, un officier général pour commander à Soissons. Un officier d'artillerie et un officier du génie devaient lui être adjoints. Le commandant de Soissons avait mission de faire faire les travaux nécessaires pour mettre la ville à l'abri des Cosaques ; il devait faire couper les arbres à convertir en palissades, brûler les faubourgs et abattre les auberges. En outre, l'Empereur prescrivit d'envoyer huit ou dix pièces avec leurs caissons, et de réunir dans la place un dépôt de 300,000 cartouches.

***

En conséquence, le duc de Feltre expédia des lettres de service, en qualité de commandant d'armes, au général Berruyer, et le 20, le général baron Rusca recevait l'ordre de partir en poste sur-le-champ prendre le commandement de la division formée des 1re et 15e brigades de gardes nationales, qui devaient se réunir à Soissons. L'exécution n'admettait aucun délai. Le général Danloup-Verdun reçut, le même

---

(1) A. HOUSSAYE, *1814*.

(2) Rapport du général Danloup-Verdun (21 février 1814) (*Archives de la Guerre*).

(3) *Correspondance*, n° 1579, t. IX, p. 131.

jour, mêmes ordres pour commander la 1re brigade ; le général
Vergez, pour la 15e. Mais ceux-ci ne reçurent pas d'exécution:
on croyait le général Vergez en congé, et il était enfermé dans
Mayence. L'adjudant-commandant Noizet fut chargé des
fonctions de chef d'état-major de la division (1).

La constitution de la division de Soissons ne changea pas
la situation du général Berruyer qui conserva ses fonctions
de commandant d'armes.

Jean-Baptiste Rusca avait cinquante-cinq ans. Né en Piémont,
il y exerçait la profession de médecin, lorsqu'éclata la Révolution française. Il s'en déclara hautement le partisan, et ses opi-
nions politiques lui valurent son bannissement et la perte de
ses biens. Rusca rejoignit l'armée française d'Italie, servit
d'abord dans les hôpitaux et prit, au mois de mai 1793, le
commandement du 6e bataillon de sapeurs. Passé à l'armée
des Pyrénées comme adjudant général, il combattit de la
manière la plus brillante et se distingua par un sang-froid
et une intelligence admirables à la bataille de La Fluvia
(14 juin 1795). Rentré à l'armée d'Italie, Rusca était nommé
général de brigade sur le champ de bataille de Loano ; il reçut
des lettres de félicitations du Directoire pour sa conduite à
San-Jean de Murialdo et à Lodi, et fut blessé à la défense re-
marquable de Salo en 1797.

Pendant la campagne de 1799 dans le royaume de Naples,
avec deux bataillons il mit en déroute une colonne de
14,000 Napolitains et lui enleva 32 canons. On le nomma général de division. Blessé et prisonnier à la bataille de La
Trebbia, Rusca rentra en France à la paix. Il commanda à
l'île d'Elbe de 1803 à 1805, se couvrit de gloire à Sacile en
1809 et contribua aux succès de l'armée du prince Eugène.
Il était sans emploi depuis 1810.

Le général Danloup, dit Verdun, né à Paris en 1769, était
entré au service en 1792 comme lieutenant au 1er bataillon de
l'artillerie de Paris ; il fit les campagnes de la République
dans les états-majors des armées de la Moselle, de Sambre-et-
Meuse et d'Italie. Passé au service de Westphalie, en 1808,
comme colonel aide-de-camp du roi Jérôme, il devint général de brigade, puis général de division et commanda avec la
plus grande distinction la division westphalienne à la bataille de Dresde. Danloup-Verdun venait de rentrer au service de France avec le grade de général de brigade (8 jan-

(1) *Archives de la Guerre.*

vier 1814), lorsqu'il reçut des ordres pour se rendre à Soissons (1).

Le commandant d'armes, le général Pierre-Marie Berruyer, fils de l'ancien gouverneur des Invalides, était âgé de 34 ans. C'était un officier de cavalerie et spécialement de dragons dans lesquels il avait toujours servi. Il s'était distingué à la tête du 3e dragons pendant la campagne de Russie et avait été blessé grièvement sous les murs de Moscou. Un décret du 18 janvier 1814 éleva le colonel Berruyer au grade de général de brigade; des lettres du même jour le nommèrent commandant d'armes à Soissons.

Accompagnés du colonel du génie Prost, les trois généraux arrivèrent à Soissons le 22 janvier. De suite les travaux les plus urgents commencèrent, mais ils ne purent être rapidement menés. L'administration forestière mit beaucoup de lenteur à fournir les bois nécessaires aux palissades; le sous-préfet assurait n'avoir aucun moyen de transport : les cultivateurs requis pour fournir chevaux et voitures nécessaires se dérobant (2). En outre, les prisonniers espagnols employés aux travaux des fortifications avaient quitté la place; les fonds manquaient (on ne disposait que de 5,000 francs) et les ouvriers n'obéissaient pas aux réquisitions auxquelles il était difficile de les astreindre, ne pouvant les payer (3). 400 ouvriers terrassiers eussent été nécessaires pour exécuter les travaux indispensables à la fermeture de la ville (4).

Cependant, le colonel Prost, qui était chargé de mettre la place à l'abri d'un coup de main, fit réparer les dégradations des remparts, murer des portes qui communiquaient avec les fossés et griller les égouts. Des arbres furent abattus; on rasa quelques maisons de la zone (5).

Les mouvements des armées avaient fait penser au général Rusca et au colonel Prost que, si la ville était attaquée, ce serait du côté de Château-Thierry et de Reims. Ils portèrent donc les travaux principalement sur ces points.

---

(1) Retraité en 1825, le général Danloup-Verdun est décédé à Versailles le 5 juillet 1847.
(2) Rapport du général Berruyer, 20 février 1814.
(3) Rapport de la Commission d'enquête chargée d'examiner ce qui a pu porter les généraux Danloup-Verdun et Berruyer à abandonner Soissons (*Archives de la Guerre*).
(4) Rapport de Berruyer, 20 février 1814.
(5) Rapport du général Danloup-Verdun (21 février 1814).

Deux ouvrages avancés furent élevés devant la porte de Reims, avec de larges fossés, fraisés et palissadés ; ils enfilaient les deux routes. Une double barrière, à portes très fortes et crénelées, défendit l'entrée de la ville. On refit les parapets ; on pratiqua des embrasures prêtes à recevoir les pièces de canon envoyées de Douai. Ces divers travaux furent terminés le 13 février au matin ; ils mettaient cette partie de la place à l'abri non seulement d'un coup de main, mais d'une attaque en règle.

Aux autres points des remparts, des parapets furent élevés et des banquettes établies. A chaque porte, des pièces, qui battaient à barbette, enfilaient les routes et les faubourgs (1).

C'est durant ces travaux qu'arriva la cohorte mobilisée de la garde nationale de Seine-et-Oise.

***

Le chef de la cohorte, Louis-Armand-Jules de Randon, s'était mis en route le 26 janvier, accompagné des 1res compagnies de grenadiers (capitaine Mercier) et de chasseurs (capitaine Lumière). Ils gagnaient Soissons le 29 janvier, après quatre jours de marche. La 2e et la 3e compagnies de grenadiers (capitaines Le Paulmier et Alexandre) et la 2o et 3e de chasseurs (capitaine Chopin et sous-lieutenant Peigné) quittèrent Versailles le 31 janvier. Après quatre jours de marche également, le 3 février, elles avaient rejoint leurs camarades, et la cohorte était complète.

La garnison de Soissons comptait alors 4,000 conscrits et gardes nationaux mobilisés, avec 8 pièces de canon.

Dès son entrée dans la place, la compagnie Mercier fut envoyée aux avant-postes, scindée en deux sections. La première aux ordres du capitaine, occupa, le 6 février, la ferme de La Peyrière ; l'autre commandée par le lieutenant Baillot, bivouaqua sur la route de Laon, près le village de Margival, à trois quarts de lieue de Crouy. Le 10 février, la compagnie Lumière fut postée sur la route de Château-Thierry ; les grenadiers du capitaine Le Paulmier surveillaient la route de Reims (2).

La position de Baillot était difficile ; les coups de fusil ne pouvaient être entendus du poste principal, et la section,

_____

(1) Rapport de Danloup-Verdun (21 février 1814).

(2) Rapport sur les affaires qui ont eu lieu lors de la prise de Soissons (ni signé ni daté) (*Archives de Seine-et-Oise*).

attaquée par la cavalerie, n'aurait pu qu'être anéantie. Aussi, le 11 février, sur les représentations de Mercier, Baillot et 35 hommes furent cantonnés à Crouy même, avec mission de fournir deux postes bivouaqués aux embranchements des chemins de traverse. Le capitaine également avait un poste détaché, composé de 1 sergent et de 15 hommes, en avant de ses positions près de la route.

L'ennemi ne tarda pas à se présenter. Les défenseurs de Soissons le savaient à Laon, mais on disait peu nombreux le parti de cavalerie qui s'était introduit dans la ville C'était une erreur.

Le samedi 13 février, à 7 heures du matin, un paysan venait avertir Baillot que les Cosaques occupaient le moulin de Lafau (1). De suite, Baillot envoya prévenir le capitaine Mercier. Il se préparait même à se porter à son secours lorsqu'il entendit la fusillade. Des Cosaques et leurs longues lances parurent au même moment sur les coteaux qui dominent Crouy. Aussitôt le lieutenant remonta sur la ferme de La Peyrière ; en route, il rencontra Mercier qui se repliait sur lui.

Le sergent Doguet, qui commandait le poste avancé, et ses 15 hommes avaient été attaqués au point du jour, et si rapidement que les sentinelles faillirent être enlevées. Le caporal Foulon croisa la baïonnette et tua le premier Cosaque qui s'était précipité presque sur le bivouac.

Les assaillants étaient nombreux. C'étaient 300 hommes de cavalerie, extrême avant-garde de l'armée de Wintzingerode. que poursuivait le maréchal Macdonald et que celui-ci pensait vouloir s'emparer de Soissons pour chercher à se retirer sur Reims (2).

Le grand poste de la ferme de La Peyrière fut presque aussitôt attaqué. Le capitaine Mercier n'eut que le temps de chausser ses bottes, de passer sa capote et de se mettre sur la défensive en abandonnant la ferme. Déjà l'ennemi s'en croyait maître, mais la 1re compagnie de grenadiers de Seine-

---

(1) La plupart des renseignements qui suivent sont extraits d'une lettre-rapport au colonel de Verteillac, rapport non signé, mais que l'on doit attribuer à Baillot (*Archives de Seine-et-Oise*). Je les ai confrontés avec les rapports officiels, complétés et rectifiés d'après eux et le procès-verbal de la Commission d'enquête.

(2) Rapport du général Sokolnicki, 14 février 1814 (*Archives de la Guerre*).

et-Oise l'en délogea et poursuivit les Russes jusque dans la plaine.

Rentré dans la ferme, Mercier retrouva son uniforme et sa croix ; les grenadiers, visitant les locaux abandonnés si précipitamment, ramassèrent des poules toutes plumées que les Cosaques s'étaient empressés de tuer et de préparer. Leur fuite avait été si rapide qu'ils n'avaient rien pu emporter.

Les grenadiers de Seine-et-Oise se conduisirent bravement. Malheureusement c'étaient des recrues de trop peu de service et trop inexpérimentées. Et l'ennemi en présence, ce n'étaient pas ces Cosaques fourrageurs, mais de la cavalerie régulière connaissant son métier.

Si elle reculait, les tirailleurs n'écoutant ni ordres ni avis, s'aventuraient dans la plaine. Chargeait-elle les plus imprudents, tous revenaient en arrière. Il y eut ainsi quelques grenadiers pris et lardés de coups de lance, avant qu'on pût se porter à leur secours. Un moment même, le lieutenant Baillot, le sergent Boulanger et un caporal restèrent seuls à trente pas devant la cavalerie russe, leurs grenadiers à cinquante pas en arrière.

Cependant, l'avantage demeurait aux troupes françaises. L'ennemi observait en se tenant hors de portée, n'opposant aux tirailleurs que quelques cavaliers isolés qui fuyaient à leur approche. C'était une ruse destinée à masquer le gros défilant à droite et à gauche, sur les flancs des côteaux, pour tourner le village de Crouy.

La veille au soir (12 février), le général Rusca avait envoyé 500 hommes du département de l'Eure loger à Crouy, accompagnés de voitures portant bagages, bidons, gamelles. Ces mobilisés de l'Eure étaient armés de fusils neufs, mais point de pierres, point de cartouches.

Durant la lutte que soutenaient les grenadiers de Seine-et-Oise, ils restèrent rangés l'arme au bras dans la grande rue de Crouy. Enfin, cartouches et pierres parvinrent de Soissons, et les mobilisés de l'Eure se portèrent au secours de leurs camarades.

Dès le début de l'action, le général Danloup avait couru sur le lieu du combat, accompagné du commandant de Randon. Il dirigea lui-même le mouvement destiné à se réinstaller dans la ferme de La Peyrière. Il fit ensuite occuper Crouy par une compagnie et placer un poste de 50 hommes dans un chemin de traverse que les Russes paraissaient vouloir suivre pour tourner le village. De tous côtés des partis de tirailleurs furent envoyés, et bientôt disparurent entièrement les cavaliers russes qui couronnaient tous les côteaux voisins. Danloup rentra alors à Soissons (1).

Une trentaine d'hommes tués, pris ou égarés, manquaient à l'appel. L'ennemi avait subi de semblables pertes, mais il emmenait de suite morts ou blessés.

A deux heures de l'après-midi, les Russes reparurent en nombre et forcèrent le poste de La Peyrière. Les tirailleurs revenaient, la compagnie de grenadiers de Seine-et-Oise se rassemblait, tous tombant de besoin et de fatigue, au bas de Crouy et sur les côtes du village. Il était environ quatre heures de l'après-midi. On faisait distribuer du pain et du vin, lorsque Mercier et Baillot, placés avec leurs sections de chaque côté de la route, virent apparaître sur les hauteurs quelques hommes à pied que la nuit qui commençait à venir, ne permettait de distinguer ni ce qu'ils étaient, ni ce qu'ils voulaient.

Immédiatement un coup de canon retentit. Le boulet passa un peu au-dessus de la tête du lieutenant Baillot ; d'autres détonations suivirent précipitées, et sur le haut des collines une cavalerie nombreuse s'avança. Aussitôt, tous les tirailleurs demeurés en arrière rallièrent le gros ; les pelotons de l'Eure se réunirent à ceux de Seine-et-Oise. La colonne se forma et, tambours battants, elle se dirigea sur Soissons.

Cependant, de tous côtés, par les routes de traverse creusées nombreuses à droite et à gauche de Crouy, arrivaient des escadrons et toujours des escadrons, se déployant dans la plaine entre Crouy et Soissons, pour barrer la retraite. Les officiers regardèrent ce déploiement ; ils laissèrent les cavaliers russes s'approcher de la colonne, recommandant à leurs grenadiers du sang-froid, de se tenir unis et de ne tirer qu'au commandement.

L'effet attendu se produisit. Rendue confiante par cette attitude, les Russes s'approchaient, escomptant le succès, lorsqu'une fusillade bien nourrie, partant du front et des flancs de la colonne, culbuta hommes et chevaux. Les cavaliers sains et saufs tournèrent bride aussitôt.

Appuyée par le canon de Soissons, la retraite se continua sans encombre, sauf pour la queue de la colonne, composée de grenadiers de l'Eure, que leurs officiers n'avaient pu rallier et qui furent enlevés.

Le général Danloup-Verdun, au bruit du canon, était

---

(1) Rapport de Rusca, 13 février 1814 ; rapports de Danloup au général Sokolnicki (14 février) et au Ministre (15 février) (*Archives de la Guerre*).

sorti de la place avec des troupes pour protéger la retraite. L'ennemi lui adressa un parlementaire que le général reçut aux avant-postes : c'était un aide-de-camp du général Wintzingerode.

Le parlementaire exposa que l'armée russe était forte de 60,000 hommes et demanda qu'on lui livrât Soissons, où il savait qu'il n'existait qu'une garnison de 500 gardes nationaux. Danloup répondit « que l'ennemi n'avait qu'à se présenter, qu'il jugerait de la garnison par la suite, et que si les Russes se trouvaient en France, on espérait bien qu'on les ramènerait à Moscou » (1). Passant ensuite devant la colonne : « Ils me proposent de me rendre, dit il ; ils ne connaissent » donc pas les braves grenadiers de Seine-et-Oise (2). »

Les avant-postes de la compagnie Lumière, sur la route de Château-Thierry, avaient aussi été attaqués le 13 février ; mais, de ce côté, le combat n'eut aucune importance.

Avant la nuit, une grand'garde fut établie en avant de la porte de Laon, couverte par une chaîne de factionnaires. Toute la nuit, le feu de l'ennemi l'inquiéta.

***

Le 14 février, un dimanche, à 5 heures du matin, le général Berruyer montait à cheval, accompagné du commandant Guérin, du 2e d'artillerie de marine, et de plusieurs officiers de ce corps, afin de vérifier l'état des batteries, et particulièrement de celle qui devait battre le faubourg et la route de Château-Thierry. En effet, une lettre du maréchal Macdonald, parvenue le matin, annonçait à Rusca l'arrivée d'un corps russe sur Soissons et donnait à nouveau l'ordre de défendre la place jusqu'à la dernière extrémité, sans cependant compromettre les propriétés.

De son côté, de grand matin, le général Danloup sortait pour faire une reconnaissance ; il vit de fortes colonnes d'infanterie, de cavalerie et d'artillerie qui arrivaient par les routes de Laon et de Chauny. Ces troupes, 6,000 fantassins, 600 cavaliers et 10 bouches à feu, commandées par le général Czernischeff, venaient de Mézières et de Vervins.

Pendant que Danloup rendait compte au général en chef, l'avant-garde russe attaquait les postes français jusque sous

---

(1) Rapport de Rusca, 13 février 1814 (*Archives de la Guerre*).

(2) « Les troupes qui occupaient le village de Crouy ont montré beaucoup d'ardeur, dit Rusca, et toutes brûlaient d'envie de se battre. »

les murs de la place. Deux coups de canon suffisent pour chasser les tirailleurs ennemis, quoique en grand nombre, et, à la faveur des faubourgs et des fermes environnantes, ils se retirent. Les avant-postes ne furent plus inquiétés.

De nouveau, à 8 heures du matin, se présenta un parlementaire qui fut reçu par l'aide de camp de Danloup. Comme la veille, il demandait la reddition de la place, ou tout au moins qu'on laissât l'armée russe traverser la ville pour gagner Reims. Danloup fit répondre que, les propositions ne variant point, sa réponse était la même, et qu'il donnerait l'ordre de tirer sur tout nouveau parlementaire.

L'officier russe répondit par des menaces, assurant que Soissons serait attaqué dans un quart d'heure et déclarant rendre l'opiniâtreté du général français responsable du malheur de la ville et de la ruine de ses habitants.

Pendant ces négociations, arriva au général Rusca l'avis qu'une colonne ennemie coupée se retirait par la route de Château-Thierry, se dirigeant sur Soissons. Cette colonne avait quitté la route à la hauteur de Fismes et s'était jetée dans la traverse pour gagner la route de Reims. Soissons était menacé sur deux points.

A 10 heures du matin, l'attaque commença. Dix pièces d'artillerie de gros calibre, mises en batterie, prenaient la ville en trois sens ; 5,000 à 6,000 hommes d'infanterie russe occupèrent les premières maisons du faubourg.

La cohorte de Seine-et-Oise, depuis 7 heures du matin, était rangée en bataille sur la place. On distribuait des vivres et de l'eau-de-vie lorsque les Russes commencèrent le feu. Le général Danloup, traversant la place à cheval, fit porter la compagnie de grenadiers au grand pont sur l'Aisne qui sépare la ville du faubourg Saint-Waaz, et, de là, au rempart de gauche, près la porte de Crouy, où la fusillade et la canonnade étaient des plus intenses. Le reste de la cohorte fut conduit par le général Danloup lui-même à la porte de Paris.

On avait négligé d'abattre deux maisons qui dominaient le rempart. L'infanterie russe les avait occupées et faisait pleuvoir sur les défenseurs de Soissons un feu terrible, tuant à bout portant les canonniers d'artillerie de marine sur leurs pièces, et qui réduisit au silence les batteries de la place.

Comme les grenadiers de Seine-et-Oise arrivaient occuper leur poste de combat, on emportait le général Rusca, frappé sur le rempart d'un coup de biscaïen à la tête (1). Un flot

---

(1) Transporté chez lui rue Richebourg, il mourut dans la même journée.

énorme de malheureux paysans sans armes se précipita devant les grenadiers, les refoula jusqu'au-delà du pont, criant que l'ennemi était maître de la porte et dans la ville.

Le combat durait depuis cinq heures ; les pièces d'artillerie se taisaient, veuves de leurs servants ou forcément abandonnées par eux. La porte de Laon fut enfoncée à coups de hache, et l'ennemi pénétra dans la ville. La garnison, commandée par Danloup depuis la blessure du général Rusca, se battit pied à pied jusque sur la place.

A la vue du général Rusca transporté blessé, le découragement et le désordre s'étaient mis dans les troupes. De toutes parts on était forcé ; les Russes occupaient les remparts et s'étaient répandus dans la ville. On se fusillait de part et d'autre. De concert avec Berruyer, le général Danloup-Verdun ordonna la retraite sur la route de Compiègne, emmenant un obusier, un caisson, une charette de cartouches d'infanterie, et parvenant, malgré le désarroi et le pêle-mêle avec l'ennemi, à réunir un millier d'hommes de différentes cohortes, se faisant jour à travers l'infanterie russe pour sortir de la ville. Danloup espérait profiter d'une position que le terrain offrirait, pour la disputer encore à l'ennemi et attendre la nuit (1).

Baillot restait avec 25 hommes gardant le pont sur l'Aisne ; on l'envoya bientôt rejoindre la cohorte à la porte Saint-Christophe. Sur les remparts, il trouva la compagnie avec le capitaine Mercier et le commandant de Randon.

Au bout d'une heure, l'ordre arrivait de se retirer, l'ennemi étant dans la ville. Le général fit appeler la cohorte de Seine-et-Oise, lui donnant mission d'assurer la retraite. Elle descendit du rempart, sortit de la ville en bon ordre, marchant au pas, laissant, cependant, aux mains de l'ennemi le commandant de Randon, fait prisonnier sur le rempart même (2).

***

De malheureux gardes nationaux, qui n'étaient même pas équipés, se précipitaient du haut des murs pour se sauver plus vite, poursuivis par la cavalerie russe que la résistance de la garnison avait exaspérée. Toute la plaine, les routes de Villers-Cotterets, de Compiègne, étaient couvertes de fuyards.

Les généraux et les officiers marchaient en tête. La colonne,

---

(1) Rapports de Danloup-Verdun et de Berruyer.
(2) Lettre-rapport [de Baillot] ; rapport sur les affaires de Soissons (*Archives de Seine-et-Oise*).

harcelée par l'ennemi que contenait l'arrière-garde, fit ainsi quatre lieues sur la route de Compiègne. A deux lieues de Soissons, le général Danloup avait fait arrêter la colonne et mettre en bataille pour attendre les hommes restés en arrière. Beaucoup d'officiers et de gardes nationaux d'autres départements se joignirent à Seine-et-Oise, et, après trois quarts d'heure de repos, la marche fut reprise. Soixante gendarmes (1) de la compagnie de l'Aisne protégeaient la retraite.

On marchait toujours. De loin, sur la route, la colonne apercevait plusieurs gros escadrons qui s'avançaient sur elle et, dans la plaine, une nuée de Cosaques qui ramenaient les fuyards sur Soissons. Le général demanda 25 volontaires et un officier pour aller en tirailleurs sur les coteaux, à droite de la route suivie. Un certain nombre de grenadiers de Seine-et-Oise et d'autres cohortes se joignirent aux tirailleurs volontaires, et un feu de mousqueterie s'engagea contre la cavalerie russe. On fit ainsi à peu près une demi-lieue.

Le général rappela alors les tirailleurs : le nombre des ennemis grossissait sans cesse, et l'on était en plaine. Chargée impétueusement par 400 à 500 cavaliers russes, l'infanterie perd contenance ; la terreur se met dans les rangs ; les soldats abandonnent leurs armes, se jettent dans les fossés, s'échappant à droite et à gauche, gagnant les collines, laissant les deux généraux et quelques officiers abandonnés sur le milieu du chemin.

Intimidés par l'exemple de l'infanterie, les gendarmes qui marchaient avec la colonne, passèrent de la queue à la tête, se débandèrent et s'enfuirent. Toute défense étant désormais devenue impossible, Danloup fit jeter dans un fossé l'obusier emporté de Soissons et noyer les cartouches. En vain, il chercha à rallier la gendarmerie à la faveur de la forêt. Il quitta la grande route pour dérober sa marche à l'ennemi et atteignit Compiègne à 7 heures du soir, avec le général Berruyer, quelques officiers et une vingtaine de sous-officiers et gendarmes (2). Ceux-ci avaient « cherché à trouver leur courage dans les jambes de leurs chevaux » ; les généraux assurèrent ne devoir aussi leur salut qu'à la vitesse de leurs montures (3).

---

(1) 60 selon le rapport du général Danloup ; 20 d'après la lettre de Baillot.
(2) Rapports de Danloup-Verdun, 14 et 15 février.
(3) Rapport de Sokolnicki, 14 février.

Voyant les gendarmes qui, de l'arrière-garde, passaient à la tête de la colonne, des grenadiers quittèrent leurs rangs pour gagner plus vite les coteaux et les bois. Le lieutenant Baillot se porta sur le flanc pour les arrêter ; un gendarme le renverse, son cheval le frappe au pied gauche du fer de derrière (1) ; plusieurs chevaux lui passent sur le corps. Baillot se relève, mais les généraux et les officiers montés, abandonnés de la troupe, étaient partis, et la cavalerie russe, — dragons verts et lanciers gris aux flammes rouges et bleues (2), — achevaient de cerner les débris de la colonne française.

On se battit encore, mais mollement, et les soldats, jetant leurs armes, se débandèrent. L'avis de la majorité des officiers fut qu'on devait se rendre pour ne pas sacrifier inutilement tant de malheureux, désarmés la plupart (3).

Un major du département de la Seine-Inférieure s'avança et fit faire un roulement. Les grenadiers de Seine-et-Oise déposèrent aussi les armes, mais lorsque toute la colonne eût été faite prisonnière, et qu'arrivés jusqu'à elle, les Russes en eurent exigé la remise.

Presque tous les officiers étaient entièrement dépouillés. Le capitaine Mercier ne possédait plus que son gilet de laine ; sa capote, son uniforme, sa veste avaient été arrachés ; sa montre et son argent enlevés, mais il avait su dérober à l'ennemi et cacher sa croix. Plusieurs officiers avaient reçu des coups de lance. Un coup de lance avait percé le chapeau du lieutenant Baillot, chapeau qu'il perdit ; son sabre, ses pistolets lui avaient été arrachés.

Les prisonniers furent ramenés à Soissons, forcés de courir pour suivre la cavalerie.

On les fit ranger sur la place pour attendre les ordres du général ennemi. Pendant ce temps, l'infanterie russe achevait de dépouiller ceux qui avaient conservé sacs, capotes ou souliers, les piquant de la baïonnette, s'ils opposaient de la résistance. Enfin, on les fit ressortir de Soissons pour les ramener au village de Crouy.

Tous les prisonniers furent jetés dans une cour où, durant la nuit entière, les Russes continuèrent à les dépouiller. On entassa les officiers, au nombre de plus de trente, dans une

---

(1) Certificat de blessure (*Archives de Seine-et-Oise*).
(2) Rapport de Danloup-Verdun (21 février 1814).
(3) Les détails qui suivent sont extraits de la lettre-rapport de Baillot au colonel de Verteillac.

chambre de paysans. La nuit se passa ainsi, sans aliments, sans même pouvoir obtenir un verre d'eau, tellement pressés que, malgré la fatigue, il fallut rester debout les uns contre les autres, visités au milieu des ténèbres par les soldats qui cherchaient encore dans les débris des uniformes quelques restes de galons ou d'épaulettes.

Le lendemain, 15 février, on conduisit les prisonniers sur les hauteurs de Crouy. Les généraux Czernischeff et Wintzingerode y passaient en revue la division qui avait pris Soissons ; sans doute ils offraient les vaincus comme un trophée aux regards de leurs hommes. Ensuite la colonne captive prit la route de Reims ; ce ne fut que vers le soir, et après s'être plaint au général Czernischeff que pour la première fois un peu de pain et un peu de vin furent distribués.

Depuis ce jour, on marcha sans cesse par des chemins de traverse, au milieu de bagages et de troupes russes. Cette marche de l'ennemi sembla aux prisonniers celle d'une retraite, d'une déroute ; on leur faisait faire des étapes de douze lieues, on ne logeait que dans des villages, les entassant toujours dans des chaumières trop petites pour tous ; car le second jour, les prisonniers tombés au pouvoir de l'ennemi dans Soissons même avaient été réunis à ceux faits pendant la retraite. Il y avait ainsi soixante à quatre-vingts officiers de différentes armes ; parmi eux, le capitaine Le Paulmier, de la 2º compagnie de grenadiers de Seine-et-Oise.

Ayant reçu trop tard l'ordre de rentrer dans la ville, il arriva dans Soissons à cheval, à la tête de sa compagnie, au milieu des Russes victorieux. Il fut terrassé et capturé, mais il sut sauver sa croix et ses épaulettes qu'il arracha aux mains qui les lui enlevaient.

On arrivait de nuit, on traversait des corps entiers déjà au bivouac et l'on n'entendait que des imprécations quand l'ennemi apercevait les prisonniers à la lueur de leurs feux. Dans les villages, dans les maisons, ce n'étaient que cris de femmes violées, râles d'hommes assommés à coups de fouet. Partout la dévastation ; chevaux, vaches, moutons emmenés, égorgés sur les routes ; on marchait sur des traînées de blé, de seigle, d'avoine. Les Russes renversaient les meules pour former leur bivouac et donnaient les épis à leurs chevaux. Les prisonniers reconnaissaient les lieux où les Cosaques avaient bivouaqué à l'énorme quantité de linge déchiré, de bouteilles cassées, de débris de meubles à demi consumés.

La férocité des soldats qui conduisaient les prisonniers était extrême. Ces malheureux, presque nus, mutilés, mourants, sollicitaient en vain des aliments, un peu d'eau. Souvent, si des paysans charitables apportaient du pain et du vin, le Russe s'en emparait et vendait ces vivres ; encore, il frappait avec son fusil sur le bras de la villageoise qui n'offrait que de l'eau, afin de faire tomber le verre. Dans la colonne de ceux qui marchaient à pied, qui tombait d'inanition ou de fatigue était relevé à coup de crosse, à moins qu'un Cosaque s'obstinât à le frapper du fouet jusqu'à ce que, las de frapper, convaincu enfin que le malheureux qui hurlait de douleur, était, en effet, hors d'état de se tenir, le Cosaque se décidât à attendre en jurant que les charrettes des blessés arrivassent pour l'y faire jeter. Vingt fois sur la route, un Cosaque et même des officiers russes, frappèrent de leurs fouets des paysans qui regardaient passer le convoi, les forçant sous la piqûre à courir et à rejoindre la colonne des prisonniers.

Celle-ci arriva à Mons le 24 février.

'**

Le lieutenant Baillot, dès son arrivée à Mons avec les prisonniers de Soissons, s'évada. Les Russes ignoraient le nombre des captifs ; ils n'en avaient pas établi de contrôle ; ils n'avaient exigé aucune parole d'honneur, ne laissant entrevoir d'autre sort que celui de marcher sans cesse, celui de marcher toujours. En effet, des grenadiers de Seine-et-Oise furent internés à Berlin.

Baillot demeura trois jours à Mons. La lettre qu'il écrivit au colonel de Verteillac contient des détails horribles sur cette guerre épouvantable. Ils sont en dehors du sujet que je me suis proposé, mais je demande la permission d'ouvrir une parenthèse. Il est bon de remettre sous les yeux les horreurs de l'invasion pour en faire craindre le retour.

A Mons, les murs étaient tapissés de proclamations dans lesquelles les Alliés déclaraient venir affranchir la Belgique et le Hainaut du joug français. Les habitants les avaient reçus avec des transports de joie. Mais Mons était devenu le passage des troupes, et il n'était excès qui ne se commissent journellement.

D'abord, les Cosaques se logèrent d'autorité dans les plus belles maisons, faisant entrer leurs chevaux dans les salons, s'y établissant avec eux, exigeant en vivres, en eau-de-vie, en café, en sucre, en liqueurs, de quoi nourrir dix fois plus d'hommes qu'ils n'étaient. Infanterie et cavalerie se succédèrent, et il fallut toujours trouver aussi abondamment de quoi les satisfaire.

Gorgés de viande, dans l'ivresse, officiers et soldats se répandaient dans toutes les salles, cassant et brisant, cherchant les femmes, forçant les habitants les plus respectables à en envoyer quérir, à leur en procurer dans leur maison, dans leur lit même. Ils maltraitaient les femmes âgées, les contraignaient à descendre, pour les servir, aux fonctions les plus avilissantes ; devant elles ils satisfaisaient, dans l'appartement même, sur le parquet, les besoins les plus abjects, leur ordonnant d'emporter.

Les officiers prussiens surtout se distinguaient par les ressources de leur fine imagination pour s'égayer aux dépens des Françaises restées dans la ville, même de celles dont ils ne voulaient point, simplement pour les humilier, pour les alarmer, pour outrager profondément leur pudeur. « Rien n'égale, dit Baillot, la haine que cette nation nous porte, elle rend les Prussiens aussi féroces que les Russes. En revanche, dans toutes les circonstances qui se sont offertes, les Saxons se plaisaient à nous montrer, à nous faire connaître combien ils nous regrettent, combien il en coûte de se battre contre nous. »

Voici encore quelques faits qui se passèrent à Mons pendant le séjour du lieutenant Baillot. Un jeune homme, marié depuis deux mois à une femme jeune et jolie, qu'il adorait, avait quatre soldats à loger. Deux d'entre eux, excités par un bon repas que leur hôte leur avait offert. s'acharnèrent après sa femme, se permettant les gestes les plus outrageants. Après avoir prié, supplié, l'infortunée, repoussée et frappée, mourante d'effroi, se voyait transportée sur le lit nuptial. Son mari, frémissant de colère, prend des pistolets et s'élance sur les misérables. Ceux-ci fuient et le dénoncent. On le traîne dans les cachots ; il est condamné à être fusillé dans les vingt-quatre heures, pour avoir conservé des armes. Il fallut que les principaux habitants allassent supplier le commandant de place, lui expliquant la conduite des soldats, à laquelle il refusa de croire. L'or seul le fléchit.

A Vimay, six Cosaques entrent dans une ferme. On les accueille, on leur sert abondamment à manger. Leur appétit satisfait, ils saisissent la plus jeune fille du fermier et l'immolent à leur brutalité. Plus de cinquante autres, instruits de la bonne fortune des premiers, se disputent le rang et se pressent sur la victime.

Elle était sans mouvement, presque sans souffle. Un seul,

un dernier non satisfait, la tourmentait encore et, furieux de son immobilité, lui piquait la gorge et la poitrine avec son sabre. Le malheureux père, d'un grenier où il s'était réfugié, entendait tout, voyait peut-être tout. Il vomissait mille imprécations contre les misérables. Ceux-ci s'impatientèrent de ses cris ; ils enfoncèrent la porte de son asile, l'en arrachèrent, le dépouillèrent, le percèrent de coups sur le corps de sa fille et finirent par lui couper la tête. Cette scène se termina par l'embrasement de deux meules de blé, autour desquelles les Cosaques se mirent à danser.

On connaissait ces atrocités. On les racontait, on les écoutait froidement ; elles n'étonnaient plus.

En regard de ces tableaux lugubres, il est consolant de placer la conduite des malheureux habitants de Mons. Depuis le commencement de février, chaque jour ils avaient de nouveaux hôtes plus exigeants, plus cruels, à loger et à nourrir. Les plus pauvres vendaient leurs effets pour satisfaire leurs convives insatiables et tâcher ainsi d'endormir leur brutalité. Les gens riches avaient à leur charge des officiers et des soldats par vingtaine. Cependant, les prisonniers et les blessés français étaient à peine dans les casernes, qu'ils virent arriver abondamment des gamelles de soupe, de bouillon, de la viande, du vin, de la bière, tout ce qui pouvait, enfin, réparer leurs forces épuisées. Le lendemain, tous, officiers comme soldats, avaient des souliers et des bas, des chemises et des vêtements.

***

Dans son second rapport (du 21 février) sur les événements de Soissons, le général Danloup-Verdun estima ses pertes à environ 400 hommes tués ou blessés. De l'aveu de leurs généraux, les pertes des Russes étaient de 1,200 hommes.

Celles de la cohorte de Seine-et-Oise furent considérables (1).

1re *compagnie de grenadiers* (Mercier), partie à l'effectif de 140 hommes : 56 tués ; 64 prisonniers. Deux sergents : Boulanger et Vian et 11 hommes seulement échappèrent au désastre (2).

2o *compagnie de grenadiers* (Le Paulmier), mise en route

---

(1) Feuilles d'appel, 1er et 2e trim. 1814 (*Archives de Seine-et-Oise*).

(2) La différence qui existe entre le total des tués, des prisonniers et des échappés et l'effectif au départ, provient de réformes avant la prise de Soissons.

avec 139 hommes : 61 tués ; 66 prisonniers. 1 sergent et 6 hommes échappés.

3e *compagnie de grenadiers* (Alexandre), comptant au départ 61 hommes : 26 tués ; 28 prisonniers ; réduite à un sergent et 3 hommes.

1re *compagnie de chasseurs* (Lumière), partie avec 139 hommes : 53 tués ; 25 prisonniers. C'est la compagnie la moins éprouvée ; elle conserve ses trois officiers et 59 sous-officiers et soldats.

2e *compagnie de chasseurs* (Chopin), à l'effectif de 135 hommes au départ : 62 tués ; le reste pris.

3e *compagnie de chasseurs* (sous-lieutenant Peigné), mise en route avec 65 hommes : 20 tués, 38 prisonniers ; 2 échappés.

Au total 278 gardes mobilisés que les feuilles d'appel signalent comme tués.

Au nombre des blessés figurent : Louis Thiphène, de Bois-d'Arcy, caporal ; Jacques Boissard, de Cléry ; Nicolas-Jean Longuet (remplaçant) ; Jacques Leblond ; Jean-François Biétiaux.

Aucun officier n'avait été atteint par le feu ou le fer de l'ennemi, mais beaucoup demeurèrent au pouvoir du vainqueur : le chef de la cohorte, de Randon, les capitaines Mercier, Le Paulmier et Chopin, les lieutenants Baillot et Rochard, les sous-lieutenants Duchesne, Lebrun et Peigné.

Les trois officiers de la 1re compagnie de chasseurs, Lumière, Dubois et Michault, purent échapper avec presque moitié de leurs hommes.

Le capitaine Alexandre également resta libre ; son sous-lieutenant, Lebrun, s'évada le 15 février.

Après le départ des 680 hommes effectué pour Soissons les 26 et 31 janvier, des détachements avaient été formés pour rejoindre la cohorte et la porter au complet.

Le premier détachement mis en route était commandé par le sergent Delalande ; il comprenait 37 hommes. Formé à Versailles, le 5 février, de conscrits recrutés le même jour, les cadres nommés dans la matinée, il partait dans la journée et atteignait Soissons le 8. Il prit part à l'affaire du 14 et perdit 6 hommes ; 26 furent faits prisonniers et 5 s'échappèrent.

Le deuxième détachement fut mis en route le 9 février et arriva à Soissons le 12. Caporal Debieuve, chef de conduite ; 26 hommes ; 8 tués, le reste pris.

Un troisième détachement avait été constitué le 15 février ; 13 conscrits sous la conduite du caporal Jean. Le capitaine Brulté, qui avait été nommé le 3 février au commandement de la 3º compagnie de chasseurs, accompagna ce détachement pour rejoindre son poste. Parti le 15 février, aussi à destination de Soissons dont il ignorait la prise, le détachement tombait le 19 aux mains des Russes. 2 hommes furent tués ; le capitaine et les autres emmenés en captivité.

***

Quelques conscrits restaient au dépôt de Versailles. Dès le 20 février, des évadés de Soissons rentrèrent en nombre ; il en était même arrivé depuis le 17. Ils revenaient sans effets, sans armes ; quelques-uns, très rares, avaient encore leur capote et leur schako. Avec les conscrits et ces évadés, on forma de nouveaux détachements.

Le capitaine Brulté avait, le 20, brûlé la politesse aux Russes ; le 24, il était de retour à Versailles et prenait le commandement d'un détachement de 108 hommes, tous évadés. Réduit à 64 sous-officiers et gardes par départs, réformes et réserve pour constituer d'autres détachements, on le mit en route le 1er mars ; il arriva à Meaux le 3 et fut logé chez l'habitant.

Le second détachement fut formé le 3 mars et confié au sergent-major Berthault, un évadé de Soissons, rentré à Versailles de la veille. Constitué à 62 hommes, dont 30 évadés et réduit à 29. Parti de Versailles le 3 mars, il arriva le 4 à Lagny.

Les détachements se passaient les hommes pour conserver un noyau au dépôt. Ainsi, une partie de Brulté était passée à Berthault ; une partie de Berthault passa à Fromiga, troisième détachement formé, et de même ainsi dans la suite.

Le commandant du troisième détachement, Fromiga, était un sergent-major évadé et rentré le 1er mars ; le 8, on le nommait adjudant et il partait le même jour à destination de Meaux, où il parvint le 10 mars, avec son détachement, d'abord composé de 66 hommes, dont 26 évadés, et réduit au départ à 22.

Le reliquat passa au détachement du sergent-major Blanche, évadé, lui aussi, et rentré le 8 mars. Ce détachement comprenait au début 64 sous-officiers et grenadiers, dont 25 évadés ; le reste, conscrits du 13 mars. Ce même jour, on le réduisait à 18 hommes, et il partait pour Meaux, qu'il atteignit le 15.

Etienne Soignard, rentré de captivité le 8 mars, fut nommé sergent le 16, pour conduire 13 hommes à Meaux, que le détachement gagna le 18. 21 gardes échappés des mains de l'ennemi étaient entrés dans la composition de ce détachement qui donna le reste de ses hommes au détachement Lebrun.

Evadé le 15 février, le sous-lieutenant Lebrun était rentré à Versailles le 17 mars. Il en repartait le 19 pour Meaux, avec 29 hommes sur les 80 (dont 11 rentrés des prisons) de la formation première du détachement. Arrivée à Meaux, 21 mars.

Le 24, départ de 11 hommes sous la conduite du caporal Jean-Jacques Touye.

Le sieur Pauzelle est nommé capitaine le 6 mars ; on réunit 93 hommes sous le titre de « 2ᵉ compagnie », et, le 26 mars, 71 se mettaient en route avec Pauzelle, également pour Meaux.

Le dernier détachement partit le 31 mars sous le commandement du colonel de Verteillac, qui toujours avait manifesté le désir de servir activement. Ce détachement comprenait 5 officiers, — Cotte (1), nommé chef de cohorte le 18 mars, le capitaine Mercier et le lieutenant Baillot, rentrés de captivité ; le lieutenant Nielly et le sous-lieutenant Hudson, nommés tous deux le 20 mars et destinés à la compagnie Pauzelle, — et 114 sous-officiers et soldats, tous conscrits. Ce détachement marcha les 31 mars, 1ᵉʳ et 2 avril, à destination de Fontainebleau.

**

Les rares gardes mobilisés qui à Soissons n'étaient pas demeurés au pouvoir de l'armée russe, avaient rejoint à Meaux les divers détachements qui y avaient été envoyés. Puis, par suite des événements et de la marche précipitée des Alliés sur Paris, la cohorte de Seine-et-Oise, forte d'environ 320 hommes, avait elle-même abandonné Meaux, se rabattant sur la capitale. Elle vint occuper le fort de Vincennes le 28 mars (2), pour en renforcer, presque en former la garnison.

Daumesnil apprend, le 30 mars dans la soirée, que la capitulation de Paris avait été signée à cinq heures, et qu'un des articles stipulait que le matériel de guerre couronnant les hauteurs de la capitale serait livré le lendemain à l'ennemi. Il

(1) Claude-Philippe Cotte, de Rueil, 50 ans, membre de la Légion d'honneur. Soldat au 46ᵉ en 1791 ; sergent dans les chasseurs à pied de la garde en 1801, lieutenant au 7ᵉ léger en 1807 ; retraité en 1809.
(2) Verteillac au Major général, 1ᵉʳ avril (*Archives de la Guerre*).

n'hésite pas. Il sort de Vincennes durant la nuit et fait rentrer dans le château une quantité énorme de canons, de fusils et de munitions. Le sous-lieutenant Dubois et le garde Charles Labé furent blessés dans cette affaire.

Le lendemain, 1er avril, le capitaine Lumière était, par acclamation de ses collègues et des gardes nationaux, nommé chef du bataillon de Seine-et-Oise, et le général Daumesnil lui confiait le commandement de l'infanterie de la garnison.

Le bataillon prit une part active aux différents actes de la défense du fort, et, lors de l'évacuation, le 12 avril, le général Daumesnil lui délivrait cette flatteuse attestation : « Le géné- » ral, gouverneur du château de Vincennes, voulant donner » une preuve de sa satisfaction de la bonne conduite qu'ont » tenue MM. les officiers du 1er bataillon de Seine-et-Oise, » commandé par M. Lumière, depuis leur entrée dans le châ- » teau jusqu'à leur sortie, soit devant l'ennemi, soit devant la » garnison de la place, déclare qu'ils se sont tous comportés » comme des braves. En foi de quoi, je leur ai délivré le pré- » sent pour leur servir partout où ils se trouveront.

» Vincennes, le 12 avril 1814.

» *Le gouverneur du château, général de brigade,*

» Baron DAUMESNIL (1). »

***

Pour le détachement du colonel de Verteillac l'itinéraire avait été autre : il était parti de Versailles pour Fontainebleau, le 31 mars à 4 heures du matin, et arrivait à Arpajon dans la soirée. Verteillac avait, par ordre du général Doullenbourg, emmené avec lui, outre ses légionnaires, 2,130 hommes provenant de divers dépôts, infanterie, gendarmes et pupilles de la garde, qui étaient à Versailles. Il les conduisit à Milly le 1er avril (2) et les y laissa, continuant sa route.

Le 2 avril, passage à Melun. Après le départ du duc de Vicence et de l'officier russe qui l'accompagnait, un parti de cinquante Cosaques tenta de pénétrer dans la ville par la route de Montereau. Les Cosaques repoussèrent d'abord le poste avancé, mais la garnison de Melun revint à la charge, et les grenadiers de Seine-et-Oise, sous la conduite du lieutenant Baillot, qui faisait fonctions d'adjudant-major, contribuèrent

---

(1) *Archives de la Guerre.*
(2) Verteillac au Major général, 1er avril.

à chasser les Cosaques de la portion de la ville où ils avaient pénétré. On tua un Cosaque et l'on en fit deux prisonniers (1).

Verteillac et ses hommes continuèrent leur route et atteignirent Fontainebleau. Le 3 avril, le colonel cessait ses fonctions de chef de détachement et reprenait celles de chef de la légion.

Malgré la capitulation du 30 mars, l'Empereur voulait continuer la lutte et livrer une dernière bataille qui délivrât Paris et peut-être la France. Il se préparait au combat lorsque Marmont, livrant son honneur et son armée, traita avec le prince de Schwartzenberg, et que Souham, croyant que l'officier d'ordonnance que Napoléon lui envoyait venait lui demander sa tête, précipita le mouvement. L'abdication suivit.

Le colonel de Verteillac, avec ses hommes, revint sur Versailles, où il rentra le 13 avril.

***

Ce même jour, la garnison de Vincennes se réunissait à l'état-major et au dépôt de la légion. Celle-ci comptait alors 15 officiers et environ 440 sous-officiers et soldats (2). Elle fut licenciée le 14, en exécution d'un arrêté du gouvernement provisoire, en date du 4 avril, autorisant les contingents de la levée en masse à regagner leurs foyers.

Les 5 officiers qui manquaient étaient prisonniers de guerre. Ils rentrèrent : le sous-lieutenant Peigné, le 27 juin ; le lieutenant Rochard et le sous-lieutenant Duchesne, le 7 août ; le capitaine Le Paulmier, le 20 août, et le capitaine Chopin, le 25 septembre.

Randon avait donné sa démission le 4 avril pour rentrer dans l'armée régulière : au 4° léger.

Les sous-officiers, grenadiers et chasseurs prisonniers de guerre furent rendus à la fin de juin. Il en rentra 120 à Versailles du 5 juillet au 13 octobre, ce qui fait, avec 220 environ évadés en février et mars, 330 prisonniers revenus.

***

(1) Le général Maurin au Major général, 2 avril (*Archives de la Guerre*).

(2) Quelques hommes, profitant de la latitude laissée par le général Daumesnil après une insurrection du 7 avril, avaient le surlendemain quitté Vincennes pour rentrer chez eux.

L'historique de la garde nationale mobilisée de Seine-et-Oise en 1814, est terminé.

Si la part qu'elle prit aux événements de cette époque peut sembler minime en la comparant à la grandeur de ces événements, elle n'a ménagé ni son dévouement ni son sang.

La Victoire n'a pas couronné ses efforts ; aussi bien la Victoire est la fortune des batailles, et comme la Fortune, souvent elle est aveugle. Mais l'amour de la patrie dominait, et l'honneur fut sauf.

Rappeler ces souvenirs des ancêtres pour apprendre à conserver pieusement leur mémoire, à la chérir et à la respecter, c'est engager à marcher sur leurs traces, comme eux à être prêts toujours à répondre à la voix de la Patrie.

VERSAILLES. — IMPRIMERIE CERF ET FILS, 59, RUE DUPLESSIS.

www.ingramcontent.com/pod-product-compliance
Lightning Source LLC
Chambersburg PA
CBHW060810280326
41934CB00010B/2635